Janosch
Onkel Puschkin guter Bär

Onkel Puschkin guter Bär

*Die Geschichte,
wie der kleine Tiger und der kleine Bär
Onkel Puschkin suchen
und dabei eine große Reise machen*

Janosch, geboren 1931 in Zaborze, Oberschlesien, lebt als freier Künstler und Autor auf einer einsamen Insel. Er veröffentlichte zahlreiche Kinder- und Bilderbücher und Romane. Für *Oh, wie schön ist Panama* erhielt er den Deutschen Jugendliteraturpreis. Der Sammelband *Ach, so schön ist Panama* wurde für den Deutschen Bücherpreis 2004 nominiert.

www.beltz.de
© 2004 Beltz & Gelberg
in der Verlagsgruppe Beltz · Weinheim Basel
Alle Rechte vorbehalten
Mit freundlicher Genehmigung
der Janosch film & medien AG, Berlin
Neue Rechtschreibung
Lektorat: Hans-Joachim Gelberg
Gesamtherstellung: Druckhaus Beltz, Hemsbach
Printed in Germany
ISBN 3 407 79334 0
1 2 3 4 5   08 07 06 05 04

Einmal kam der Posthase über den Hügel gelaufen und rief: »Post für den kleinen Bären, Post für den kleinen Bären!«
Der Posthase kam durch die Tür in die Stube, in der Stube saß der kleine Tiger auf dem Tisch und aß seine Erbsensuppe.

Der kleine Bär stand beim Ofen und kochte einen Erdbeerpudding als Nachspeise.
Der Posthase sagte: »Hier ist Post für den kleinen Bären. Kann ich die Briefmarke haben?«
»Von wem soll denn die Post sein?«, fragte der kleine Bär und ließ den Pudding alleine kochen.
»Von Onkel Puschkin aus der Ferne«, sagte der Posthase.
»Oh, Onkel Puschkin, den kennen wir. Er ist sehr alt und weise und wohnt wohl in Sibirien ...«

»Das kann gar nicht sein«, rief der kleine Tiger, »der Bär hat nämlich in Sibirien keine Verwandtschaft. Und lesen kann er auch nicht, der Brief muss also für mich sein. Was steht auf dem Brief geschrieben: An Herrn Tiger oder an Herrn Bär?«

Der Posthase las: »Hier steht: *An den kleinen Bären wohnhaft beim kleinen Tiger ... besonderer Eilbrief.*«

»Na also!«, rief der kleine Tiger, »wenn irgendwo der Name *Tiger* geschrieben steht, dann gehört das, wo mein Name draufsteht, doch wohl mir. Gib den Brief her!«

Nun konnten weder der kleine Bär noch der kleine Tiger lesen.

Also las der Posthase noch einmal:

»Hier steht das Wort *Bär* und hier steht das Wort *Tiger*. Also gehört der Brief beiden. Alles klar, oder?«

»In Ordnung«, brummte der kleine Tiger.

»Weil ich sein Freund bin, überlasse ich ihm selbstverständlich die Hälfte von dem Brief. Jedoch dadurch, dass der Bär auch mein Freund ist, gehört alles, was ihm gehört, schon von selbst mir, dann gehört mir also auch seine Hälfte.

Und überhaupt gehört mir alles. Das muss ich mal deutlich sagen.«

»Warum sollte das so sein?«, fragte der kleine Bär.

»Weil du mir alles schenken würdest, was dir gehört, weil du eben mein Freund bist. Also gehört der Brief hauptsächlich mir. Hast du das verstanden?«

»Ja«, sagte der kleine Bär.

Und so hatte der Hase wieder Frieden in der Bude gestiftet. Es ist gut und weise, überall Frieden zu stiften.

»Soll ich den Brief vorlesen?«, fragte der Posthase.

»Weil ich ihn vorher noch nicht gelesen haben darf und deswegen nicht weiß, was drin steht. Briefe gehören zum Postgeheimnis. Geheimnis heißt, es ist verboten, es zu wissen. Sonst wäre es kein Geheimnis. Was einer weiß, ist schon kein Geheimnis mehr.«

»Klar«, sagte der kleine Tiger, »sonst wäre der Brief von Onkel Puschkin an mich ja nicht zugeklebt – oder?«

»Lies vor!«, rief der kleine Bär und drängte den Posthasen, »aber nicht zu schnell, der kleine Tiger kann ja auch nicht lesen.«

Nun müssen aber die Posthasen auf das Postgeheimnis pfeifen und die Briefe vorher lesen, damit sie schlechte Nachrichten wegwerfen und gute Nachrichten in die Briefe legen, weil die Briefempfänger sich über schlechte Nachrichten grämen würden.
Das geht nicht.
Dafür sind die Posthasen da, damit sie Glück verbreiten.

In diesem Brief von Onkel Puschkin stand jedoch sowieso und schon vorher eine gute Nachricht. Also brauchte der Posthase sie gar nicht zu ändern und sagte, damit die beiden sich noch länger auf die Nachricht freuen konnten:
»Aber erst erzähle ich euch die Geschichte von dem armen Schwein! Ein armes Schwein bekam einmal einen Brief von der Regierung:
›Sehr geehrter Bürger. Packen Sie sofort Ihr Marschgepäck und finden Sie sich in der Kaserne ein, Sie müssen in den Krieg. Sollten Sie erschossen werden, bekommen Sie einen Orden. Hochachtungsvoll Ihre Regierung.‹
Nun aber«, sagte der Posthase, »will kein Schwein unnötig sterben, und so war es meine Pflicht, die schlechte Nachricht in eine gute Nachricht zu ändern. Und ich schrieb einen neuen Brief an das arme Schwein:
›Mein lieber Bürger! Wir teilen Ihnen mit, dass Sie sich keine Sorgen machen müssen, denn wir, der Staat, werden Sie schützen und zahlen Ihnen eine Rente, wenn Sie einmal alt sind. Das ist für Sie doch ein großes Glück. Also freuen Sie sich des Lebens und achten Sie auf Ihre Gesundheit. Herzliche Grüße von Ihrer Regierung.‹

Nun hatte das arme Schwein also eine gute Botschaft und konnte fröhlich leben bis zum Schlachtfest.«

Dann las der Posthase Onkel Puschkins Brief vor:
»Meine lieben Bär und Tiger!
Ich, euer Onkel Puschkin, befinde mich auf einer Reise, um das Glück dieser Welt zu studieren, um es dann euch zu schenken ...«
»Oh«, rief der kleine Tiger dazwischen, »das Glück dieser Welt wollen wir haben, lies schnell weiter ...!«
»... Ich reiste mit der Transsibirischen Eisenbahn und dann mit dem Flugzeug zuerst nach Alaska, dann habe ich mit einem gewissen Kapitän Cocco das Nordkap umsegelt, bin mit dem Schlitten und wilden Rentieren durch Norwegen an Finnland vorbeigedonnert. Ich habe dort alles studiert, was ich noch nicht wusste. Wir treffen uns schnell mal in Hamburg bei Antje. Das ist nicht weit von euch. Antje findet ihr sofort, Antje kennt jeder. Bärenkuss von eurem Onkel Puschkin Bär.«

Währenddessen war der weise Maulwurf durch die Tür in das Haus gekommen und hatte sich neben den Ofen gesetzt, wollte sich die Pfoten wärmen, wollte hören, was der Posthase so aus der Welt berichtet.
Denn er war kurzsichtigblind und hörte gern Berichte aus der Welt.

Der kleine Tiger schlabberte den Pudding aus dem Topf.
Ein wenig ließ er für den kleinen Bären und sagte: »Oh, Erdbeerpudding ist das Glück meines Lebens ...«
»Ach was!«, rief der Maulwurf, »dann brauchst du doch gar nicht mehr Glück. Oder was?«
»Ein Topf voll Pudding reicht nur für zehn Minuten Glück. Ich will jedoch Glück auf ewig. Pudding ohne Ende auf immer!«, sagte der kleine Tiger und wischte sich die Oberlippe sauber.
Mit der Pfote.

»Wenn wir nach Hamburg reisen«, rief der kleine Tiger, »brauche ich jede Menge Gepäck. Ich muss nämlich immer alles dabeihaben, was ich brauche. Und zwar brauche ich alles, was es gibt.«

»Was bist du doch für ein armer Dudelsack«, rief da der Maulwurf, »du brauchst also alles und immer viel Gepäck? Dann musst du es auch tragen. Hahaha! Wer viel Gepäck hat, muss viel tragen. Hat die Pfoten nicht frei, kann sich unterwegs nichts greifen. Du kannst unterwegs auch nicht leichtfüßig im Park herumspringen, du hast immer Muskelkater vom Gepäcktragen, musst aufpassen, dass es dir keiner stiehlt. Kannst nicht ins Kino gehen, weil man ins Kino kein Gepäck mitbringen darf, mein armer, lieber Junge!«

»Und guck mal meine Flügel!«, rief die Tante Graugans Lorenz durch das offene Fenster, dort stand sie, wollte wissen, was in dem Brief stand. »Ich war in meiner Jugend eine Graugans und reiste um die ganze Welt. Und ich reiste immer ohne Gepäck. Hätte ich Koffer schleppen müssen, ich hätte nicht einmal den nächsten Baum erreicht. Leichtigkeit heißt die Parole der freien Gänse ...«
»Was ist eine Parole?«, fragte der kleine Tiger.
»Eine Parole ist ein kluger Satz, welchen du nicht vergessen sollst«, sagte der Maulwurf. »Damit du besser durch das Leben kommst.«

»Die ganze Welt lag unter mir und über mir der Himmel – grenzenlose Freiheit, weil ich kein Gepäck hatte. Das ist klug und weise«, sagte die Tante Graugans Lorenz.

»Am besten ist jedoch«, sagte der Maulwurf, »wenn man nichts braucht. Ich hatte einen guten, weisen Onkel Ferdinand. Der sagte: Junge, wenn du nichts brauchst, bist du der reichste Mann der Welt. Weil du dann alles hast, was du brauchst. Dann hast du nämlich genau das, was du brauchst, und das ist nichts. Nichts bekommst du überall geschenkt. Es kostet ja auch nichts. Und nichts kann man dir auch nicht stehlen. Du kannst es gern verlieren, denn dann hast du nichts verloren. Ich selber brauche nichts, nur meine Pfoten, und die habe ich geschenkt bekommen bei der Geburt.

Und brauche ich einmal einen Regenwurm zur Nahrung, kann aber keinen finden, was tue ich dann? Ich esse eine Spaghettinudel. Sieht genauso aus und ist obendrein auch noch länger.«

»Und wenn du keine Spaghettinudel hast, mein Lieber?«, fragte Tante Graugans Lorenz.

»Dann brauche ich keine. Ich bin sowieso fast

ein wenig blind, würde sie gar nicht sehen können, also ist es egal, ob ich sie habe oder nicht.«
»Jawohl«, rief die Tante Graugans Lorenz, »ob Spaghettinudel mit oder ohne Tomatensoße und ob Ja oder Nein, beides wäre in Ordnung.«

Der kleine Bär sagte: »Ich habe es jetzt verstanden.«
Auch der kleine Tiger sagte, er habe verstanden, weil er alles versteht, und er wolle nun endlich nach Hamburg Onkel Puschkin finden.

Dann sagte der kleine Bär nach einer Weile: »Wenn ich also zum Beispiel für die Kartoffeln keine Petersilie habe, dann nehme ich grüne Zwiebelchen, klein gehackt, für die Kartoffeln. Und wenn ich auch keine Zwiebelchen habe, nehme ich nichts dazu und esse die Kartoffeln ohne Zwiebeln. Oder ich koche einen Erdbeerpudding, weil ich dafür keine Petersilie und keine Zwiebeln brauche. Und habe ich keinen Erdbeerpudding, so ist das auch in Ordnung.«
Der Maulwurf sagte: »Und wenn du nichts besitzt, muss dir kein Dieb etwas stehlen. Das erleichtert auch dem Dieb das Leben, denn er muss dann kein Dieb sein.«

»Woher weißt du das alles?«, fragte der kleine Tiger.
»Gelesen«, sagte der Maulwurf. »Ich lese alles, was mir unter die Pfoten kommt. Die Lehre der

Weisheit heißt Philosophie und wurde in Griechenland von einem alten Maulwurf erfunden, der hieß Sokrates. Philosophie ist die Lehre vom Glück der Maulwürfe.«

»Griechenland kenne ich gut von meinen Reisen«, rief die Graugans Lorenz dazwischen.

»Aber du kannst ja gar nicht lesen«, sagte der kleine Bär zum Maulwurf, »weil du kurzsichtigblind bist.«

»Ich brauche es auch nicht zu lesen, weil ich es weiß. Wissen ist noch besser als lesen. Verstanden? Ich weiß genau, was ich lesen würde, wenn ich nicht kurzsichtigblind wäre.«

»Ja, ich habe es sofort verstanden«, sagte der kleine Bär und setzte sich in den Sessel.

»Griechenland befindet sich von oben gesehen links neben Italien, wenn ihr von Hamburg nach Afrika fliegt«, rief Tante Graugans.

»Und ist ungefähr so groß wie mein linker Flügel. Von oben sieht die Welt sehr klein aus, und wenn du dich oben über allem befindest, bist du Weltmeister. Dann ist Italien so klein wie mein rechter Flügel, Griechenland ist so klein wie mein linker Flügel und vorne liegt Afrika. Und ich bin so groß wie Afrika.«

Dann schwang sie sich in die Lüfte und flog davon.

Der Pudding war also längst verspeist, der Topf gewaschen, und so begaben sich die beiden sofort auf den Weg nach Hamburg, indem sie aus dem Haus gingen, die Tür verschlossen, dem Posthasen sagten, er solle das Gemüse im Garten begießen, bis sie zurückkämen.

Der kleine Bär nahm nur den Topf und die Angel und seinen Hut mit.
Und Streichhölzer für das Feuer unter dem Topf.
Den Topf musste er nicht tragen, er hängte ihn an seinen Rücken.

Den Hut musste er nicht tragen, er setzte ihn auf den Kopf.
Die Angel brauchte er wirklich.
Die Streichhölzer klemmte er in den Hut.
»Ein Bär muss immer einen Topf bei sich haben, damit er seine Freunde mit wohl schmeckenden Speisen versorgen kann … falls er einen Fisch fängt.«
»Oder noch besser wäre ein Erdbeerpudding mit Sahne«, rief der kleine Tiger.

»Äiii, Tiger – du hast die Tigerente vergessen!«, rief der alte Maulwurf hinterher.
»Du kannst doch gar nicht sehen, ob ich die Tigerente vergessen habe, du Lügner. Du bist ja kurzsichtigblind«, sagte der kleine Tiger.
»Aber ich kenne dich und weiß, was du für einer bist«, sagte der Maulwurf. »Du bist ein vergesslicher Lümmel. Immer stürmst du zackzack vorwärts, wie ein Wiesel – und hast sofort deine Ente vergessen.«
Und da hatte er Recht.
Beinahe hätte der kleine Tiger die Tigerente vergessen.

Als sie zum Fluss kamen, saß dort der listige Kater Mikesch und fragte: »Wo rudert ihr denn hin, Jungs?«

»Nach Hamburg, Onkel Puschkin suchen, er will uns das Glück des Lebens schenken.«

»Da kann ich euch helfen, Freunde«, rief der listige Kater Mikesch, denn genau nach Hamburg wollte er auch. Wollte sich aber das Fahrgeld ersparen.

»Erstens ist das Glück des Lebens, einen guten Freund mit dem Boot nach Hamburg zu rudern. Ich würde euch also mit dem Boot nach Hamburg rudern und damit ist das Glück schon da. Zweitens könnte ich euch zeigen, wie man das Boot aus dem Wasser holt, wenn eine Stromschnelle euch gefährdet, und wie man das Boot an Land an der gefährlichen Stromschnelle vorbeiträgt.«

So ein alter Kater ist doch sehr gerissen.

Und schon hatte er seine vier Lümmelkissen ins Boot geladen und sich hineingelümmelt, sodass der kleine Tiger und der kleine Bär nicht einmal mehr Platz für die Beine hatten.

Und Stromschnellen gibt es dort nicht.

»In seinem eigenen Boot keinen Platz für die Füße haben, das ist doch wohl der Oberhammer!«, maulte der kleine Tiger.

Mikesch ließ das Boot in der Strömung treiben.
Er wusste längst, dass so ein Boot allein mit der
Strömung treibt. Bis Hamburg.
Das ist so: Der kleine Fluss fließt in einen
größeren Fluss und der größere Fluss fließt in die
Elbe – und genau dort befindet sich Hamburg.

Der Kater Mikesch schlief, bis er Hunger hatte und aufwachte, und sagte: »Und nun fangen wir uns einen Fisch, den braten wir und veranstalten ein Picknick. Wer hat denn hier mal eine Angel?«
Also musste der kleine Bär einen Fisch fangen, denn er hatte eine Angel.
Dann musste er ein Feuer anzünden, weil er die Streichhölzer besaß, und musste den Fisch braten, denn er war der Koch und ihm gehörte der Topf. Mikesch holte seine Lümmelkissen aus dem Boot und legte sich bequem auf die Wiese.
Als der Fisch fertig war, sagte Mikesch: »Nun wird brüderlich geteilt. Ich nehme nur ein wenig Fisch von außen und ihr bekommt den ganzen Fisch von innen. Jeder von euch die Hälfte.«
Ehe sie es sich versahen, hatte er das Fleisch von dem Fisch verspeist und gab den beiden Kameraden die Gräten. Dem kleinen Tiger den Kopf, dem kleinen Bären den Schwanz.
Der kleine Bär flüsterte dem kleinen Tiger ins Ohr: »Nach meiner Meinung ist der Mikesch ein Lump. Oder was ist dein persönlicher Eindruck?«
Der kleine Tiger nickte: »Und ein liederlicher Halunke. Das ist meine persönliche Meinung.«

Der Kater Mikesch hatte inzwischen seine Lümmelkissen wieder ins Boot gebracht und schlief sofort ein.
Das Boot schwamm mit der Strömung erst in den nächsten größeren Fluss und von dort in die Elbe und dann bis Hamburg.

Sie banden das Boot fest und der Kater Mikesch verschwand sofort mit seinen vier Lümmelkissen um die nächste Ecke in einer dunklen Straße.

Die beiden Freunde aber ließ er allein in der fremden Stadt.

Hamburg ist groß und mit Steinen gepflastert, voller Häuser. Sie waren sehr verloren in der großen, steinernen Fremde!

Doch dann kam ein guter Mann mit einem Bart und fragte: »Wo wollt ihr denn hin, Jungs? Wollt ihr die Oma besuchen oder wollt ihr vielleicht ins Kino?«

»Kennen Sie Antje und wo wäre sie zu finden?«, fragte der kleine Bär.

»Ooooh *Antje*?«, rief der Mann, »die ist kinderleicht zu finden. Richtung Zoo Hagenbeck. Antje kennt jeder, erst nach rechts rum und dann nach links rum und nach links und nach rechts, bis zum Zoo von Herrn Hagenbeck. Dort findet ihr Antje. Antje ist *der* Superstar.«
Zwei Stunden Fußmarsch. Das war nicht schlimm.

Im Zoo brauchten sie keinen Eintritt zu zahlen, denn Tiere haben dort freien Eintritt und sind gern gesehene Besucher. Herr Hagenbeck ist der Eigentümer, ein eleganter Herr und ein lieber Tierfreund.
Tante Graugans war längst gelandet und wartete mit Herrn Hagenbeck schon am Tor. Herr Hagenbeck und Graugans Lorenz hatten bereits zusammen bei Herrn Hagenbeck zu Hause Tee getrunken. So kamen der kleine Tiger und der kleine Bär zu Antje.

Antje hatte einen Fisch mit Namen Schlüter und ließ ihn in einem Tümpel schwimmen.
Schlüter war ihr Notproviant, hatte sie immer bei sich für den Fall einer Hungersnot. Fisch ist eine gesunde Speise, hat viel Eiweiß.

Bisher gab es noch keine Hungersnot, also überlebte der Fisch Schlüter, und mit der Zeit mochten sie sich nicht mehr voneinander trennen. Freunde auf Lebenszeit.

»Ist Onkel Puschkin hier?«, fragte der kleine Bär. »Wir müssen ihn treffen.«
»Aber ja«, rief Antje, »er *war* hier, musste jedoch schnell mal eben weiterreisen. Hat hier das Glück

gesucht, nun soll es in Köln zu finden sein. In einem großen Dom mit seinem Geheimnis. Hier ein Brief von ihm.«
Weil der kleine Tiger und der kleine Bär aber nicht lesen konnten, las Antje ihn vor.
Onkel Puschkin schrieb, dass in Köln, im großen Dom, ein Geheimnis schlummert, er würde dort auf sie warten.
Das Fahrgeld hatte er beigelegt.
Es reichte für den ICE für drei Personen. Mit Zuschlag, einfache Fahrt ohne Rückfahrt, erster Klasse. Geld für den Autobus bis zum Hauptbahnhof Hamburg.
Und noch für drei Wurstsemmeln.
Antje sollte ihnen schnell man eben den Weg zeigen.

Antje steckte also den Fisch Schlüter in seinen Eimer mit ein wenig Wasser und dann fuhren sie mit dem Bus zum Hauptbahnhof, mit zweimal Umsteigen.
Dort stand da aber schon wieder der hinterlistige Kater Mikesch, hatte eine neue Mütze, welche wie gestohlen aussah. Woher soll ein Kater Geld für eine Mütze haben?

»Wo wollt ihr denn hin? Etwa verreisen?«, fragte Kater Mikesch.
»Ja, nach Köln, Onkel Puschkin wartet mit dem großen Geheimnis ...«
»Oh, da kann ich mal eben schnell helfen. Ich weiß, wie man eine Fahrkarte bekommt, ohne sich anzustellen. Habt ihr denn Geld?«

Antje kannte den Halunken noch nicht, hielt das
Fahrgeld in der Flosse, und ehe sie sich versah,
hatte Mikesch das Fahrgeld geschnappt, drängelte
sich in der Warteschlange nach vorn und sagte:
»Lasst einen alten Mann bitte vor, Rheuma
und Gicht in den armen Knochen, habt doch
Erbarmen mit einem armen Hund, Leute ...«
Und schon war er vorn am Schalter, fragte nur
nach drei kleinen Fahrplänen, ließ das Geld
in seiner Hosentasche verschwinden, gab die drei
Zettelchen dem kleinen Tiger in die Pfote und
verschwand schnell in der Menge.
Schlecht, dass der kleine Tiger nicht lesen konnte
und glaubte, es seien die Fahrkarten.

Bevor sie in den Zug nach Köln stiegen, kauften
sie von dem Rest des Geldes drei Wurstsemmeln.
Und weil dort ein armer Hund saß, schenkten sie
ihm die Semmeln, und er weinte vor Freude.
Seit vier Tagen keine Wurst mehr gegessen. So
muss das Glück wohl sein.
Dann gingen sie zum Bahnsteig fünf, stiegen in ein
schönes freies Abteil erster Klasse.
Eine alte Dame stieg mit in ihr Abteil und setzte
sich ans Fenster.

Dann fuhr der Zug los.
Und ein Schaffner kam. »Die Fahrkarten bitte, die Herrschaften!!«
Als der kleine Bär ihm die Fahrpläne hinhielt, sagte der Schaffner: »Das sind keine Fahrkarten, mein lieber Herr! Sie sind Schwarzfahrer!
Das kommt Sie teuer zu stehen. Wie heißen Sie? Vorname, Nachname, Wohnort, haben Sie Eltern oder andere Erziehungsberechtigte, wie oft vorbestraft?«
So ein Schaffner kennt keine Gnade und hat die Macht.
Nun sagte aber die alte Dame sofort: »Dies war nur ein Scherz meines Neffen kleiner Bär, Herr Oberschaffner. Denn die Fahrkarte habe ich und diese Personen sind meine Kinder und Neffen und gehören zu meiner Fahrkarte, nicht wahr, Kinder? Hier ist bitte die Fahrkarte für alle!«

Ihre Fahrkarte galt für eine Person allein oder für eine Person mit fünf Kindern.
Solche Fahrkarten gibt es bei der Bahn, kosten auch nicht mehr als nur für eine Person
allein.

Der Schaffner zählte nach: ein Tiger, ein Bär, eine Antje, ein Fisch und eine Tigerente ... macht fünf plus eine Begleitperson – stimmt!
Dann aber sagte er: »Die Person mit Fischschwanz darf die Beine nicht auf das Polster legen, darf nicht auf den Boden spucken und nicht die Fensterscheibe verschmieren. Sie sieht sehr feucht aus. Nehmen Sie sich in Acht, Tanten haften für ihre Neffen. Und obendrein stinkt es hier nach Fisch!«
Damit war Schlüter gemeint.

»Das ist mein Parfüm, was da duftet, Herr Schaffner«, sagte die alte Dame, und schon war der Schaffner besiegt.

»Na, dann wünsche ich eine gute Fahrt«, sagte er und ging weiter.

Die liebe, alte Oma sagte: »So muss das sein, wir müssen unsere Kinder schützen. Könnt ihr mir irgendeinen Unfug vorführen? Oder Faxen? Oder wollen wir tanzen?«

»O ja«, rief der kleine Bär, »tanzen ist unser Hobby.«

Dazu aber brauchten sie Musik und Antje spielte sofort auf der Mundharmonika.

Das Mundharmonikaspielen hatte sie von Herrn Hagenbeck gelernt. Er lehrte die Tiere in seinem Zoo nach Feierabend kostenlos auf der Mundharmonika spielen.

Der kleine Bär und der kleine Tiger tanzten draußen auf dem Gang.

Auch andere Fahrgäste machten mit und bald tanzten alle im Waggon erster Klasse.

Auch die gute, alte Oma warf die Beine in die Luft, denn sie war noch sehr rüstig.

Der kleine Tiger und der kleine Bär sangen:

»Tschabaduba rägg rägg rägg,
Mutter, unser Hund ist weg,
Mutter, unser Räpp ist weg,
Ziege, Ziege meck meck meck ...«

»Du«, rief der kleine Bär, »du singst falsch, Tiger. Das stört. Hör auf.«
»Ich singe die zweite Stimme«, sagte der kleine Tiger, »die zweite Stimme muss falsch sein, sonst klingt das Lied nicht zweistimmig. Ich höre nicht auf. Du hast mir nichts zu befehlen.«
Mein Gott, war das eine schöne Reise!

Als sie in Köln ausstiegen, küsste die alte Dame den kleinen Tiger, den kleinen Bären, auch Antje, nur Schlüter nicht, denn er roch nach Fisch, und sagte: »Was für ein Glück, euch getroffen zu haben. Lebt wohl, lebt wohl und viel Glück noch weiterhin ...«
Sie fuhr weiter nach Kaltenkirchen oder so ähnlich. Antje ging mit ihren Freunden Tiger, Schlüter, Bär und Tigerente aus dem Bahnhof, sie suchten den großen Dom. Er war leicht zu finden, fünf Minuten zu Fuß um die Ecke, da stand er dann riesig hoch. Bis in den Himmel.

»Guck mal, Bär«, rief der kleine Tiger, »wie groß der ist. Vor dem muss ich mich fürchten.«
»Ist nicht nötig«, sagte Antje, »denn in dem Dom wohnt Gott. Vor Gott fürchtet man sich nicht, denn Gott ist gütig.«

Inzwischen lief der Rhein hinter dem Dom vorbei. Rund um den Dom gingen unzählige Menschen herum, welche den Dom besichtigen wollten, denn dieser Dom ist eine große geschichtliche Berühmtheit. Er ist vielleicht achthundert Jahre alt.
Und unter dem Dom befinden sich Schätze, man weiß es noch nicht so genau. Es gibt gewisse Vermutungen.
Der Dom ist auch innen sehr groß und es gibt ein himmlisches Licht. Wer es sieht, fängt meistens an zu beten.

»Und was macht Gott in dem Dom?«, fragte der kleine Tiger.
»Wohl beten. In dem Dom muss man beten ...«
»Aber wenn Gott noch größer ist als der Dom«, sagte der kleine Tiger, »dann hätte er keinen Platz im Dom. Jetzt sage ich euch ein Geheimnis:

Gott hat keinen Platz im Dom und trotzdem wohnt er dort ...«

»Er ist nicht groß und ist nicht klein, das ist sein Geheimnis«, sagte der kleine Elefant, der dort vor dem Dom saß und Postkarten verkaufte. »Weil das sein Geheimnis ist, kann er überall sein. Wollt ihr eine Ansichtskarte kaufen?«
»Für was braucht man die denn?«, fragte der kleine Tiger.

»Eine Ansichtskarte zeigt das Bild von der Stelle, wo du dich gerade befindest. Wenn du nun die Ansichtskarte verschickst, wissen die Leute in der Welt, wo du dich befindest, und denken: O Mann, was hat der für ein Glück – er darf neben dem Dom stehen.«

»Aha«, rief der kleine Tiger, »dann gib mir hundert Ansichtskarten!«

Nun hatten sie aber kein Geld mehr und Ansichtskarten muss man bezahlen.

Weil der kleine Elefant aber ein lieber Mann war, schenkte er ihnen insgesamt fünf Karten.

Nun konnte der kleine Tiger aber nicht schreiben und der kleine Bär konnte auch nicht schreiben. Also lehrte Antje die beiden schnell ihre Namen zu schreiben: TIGER und BÄR.

War nicht schwer.

Dann schrieben der kleine Tiger und der kleine Bär die beiden Namen TIGER und BÄR auf alle fünf Karten.

Da sie keine Briefmarken hatten, verschenkten sie die Karten an fünf fremde Leute auf der Straße. Damit diese die Karten mit ihren Namen an ihre Verwandten schickten, in Amerika und Japan und Tschechien.

Auf einmal rief der kleine Bär: »Der Dom kippt um, der Dom kippt um«, und schob den kleinen Tiger und Antje schnell zur Seite, um ihnen das Leben zu retten.
Doch der Dom kippte nicht um.
Es sah nur so aus, weil der kleine Bär steil nach oben schaute und dachte, der Dom schwankt.
Da hat der kleine Elefant aber doch sehr gelacht.
Denn wenn du steil nach oben schaust, wird es dir schwindlig und du meinst, alles kippt um.
Das ist nur so ein kleiner Irrtum. Nach oben schauen und alles kippt um.

»Wenn Gott nicht groß und nicht klein ist«, sagte jetzt der kleine Tiger, »das geht gar nicht. Was groß ist, kann nicht auch noch klein sein.«
»Falsch«, rief der kleine Bär. »Guck mal zum Beispiel: die Luft! Ist sie groß oder ist sie klein? Sie ist nicht groß und sie ist nicht klein. Und dabei ist sie überall. Siehste.«

»Haben Sie Onkel Puschkin gesehen?«, fragte der kleine Bär nun den kleinen Elefanten.
»So einen großen, dicken Bären?«, fragte der kleine Elefant.

»Ja, so einen«, sagte Antje.
»Mit einer eleganten Sommermütze wie ein Filmregisseur?«
»Ja, den meinen wir«, sagte Antje.
»Und mit diesen eleganten Hip-Hop-Globetrotterschuhen an den Füßen? Alles in Grün?
Ja, den sah ich. Er war hier und fragte mich nach dem Geheimnis des großen Doms. Wusste ich aber auch nicht.
Er schenkte dem alten Mann dort fünf Euro.
Was für ein guter Bär!
Und ging dann in dieses große Gebäude auf der anderen Straße hinein, um dort wohl etwas zu fragen. Dort befindet sich nämlich das Fernsehen.«

Sie gingen auf die andere Seite über den Platz, dort befand sich das Funkhaus.
Und in diesem Funkhaus befand sich Onkel Puschkin. Hatte der kleine Elefant gesagt.

»Ein Funkhaus heißt Funkhaus, weil es auch Sendehaus heißt«, sagte Antje. »Und ich werde dort von einem Kameramann gefilmt. Dann werde ich in die ganze Welt gesendet und erscheine in den Fernsehern. Senden ist ungefähr so wie funken ...«

»Hör auf«, rief der kleine Bär, »das wissen wir längst. Wir wissen so gut wie alles. Frag den Tiger!«

»Alles«, nickte der kleine Tiger, »wir wissen alles.«

»Ich gehe also hinein, der Kameramann wartet mit seiner Kamera auf mich und ruft: Kamera läuft – Ruhe – Klappe – los! Er lässt eine Klappe aus Holz fallen, klick! Ich spiele auf der Mundharmonika und habe einen Auftritt. Die Kamera nimmt mich auf und sendet mich in kleinen Wellen aus dem Sendehaus in die ganze Welt. Alle sehen mich und kreischen vor Glück.«

»Siehste«, sagte der kleine Tiger zum kleinen Bären, »Glück ist, wenn man kreischt.«

»Aber du kannst gar nicht kreischen«, sagte der kleine Bär, »weil ein Tiger eine Brummstimme hat.«

»Wenn du tanzen könntest, würdest du auch als ein Superstar nach Amerika gesendet werden. So wie ich«, sagte Antje.

»Das kann ich, tanzen, und ich kann besonders gut singen«, rief der kleine Tiger.

Und der kleine Bär rief: »Ihr spinnt doch mit eurem Superstar Amerika-Amerika!«

Er drehte sich um und ging vier Schritte weg.

»Ich bleibe im Wald und fange im Fluss Fische.«

Dann kam er zurück und sagte: »Du kannst gar nicht singen, mein Lieber. Du brummst nur und singst volle Pulle falsch. Ein Superstar muss schön singen und nicht falsch.«

»Beim Gesang gibt es verschiedene Stimmlagen und keine ist falsch, weil zu jedem Ton gehört noch ein anderer«, sagte Antje. »Wenn ein Ton ein wenig anders ist, dann entsteht ein Akkord. Das klingt prima und das heißt dann Musik. Und wenn es ganz falsch klingt, heißt es Rock. Rock ist schräg.«

»Siehste«, sagte der kleine Tiger, »ich habe gewonnen. Ich singe einen Akkord. Ist jetzt alles klar zwischen uns, mein lieber Freund Bär? Oder möchtest du mit mir diskutieren?«

Sie standen auf der Straße vor dem Dom, rundherum die Leute schauten nach oben, weil sie sehen wollten, wie hoch der Dom ist.
Davon wurde es ihnen schwindlig und sie schauten wieder nach unten und kauften sich eine Bratwurst oder ein Andenken von Köln. Oder sie setzten sich in den kühlen Dom, machten die Augen zu und beteten. Und beim Beten kann man auch ein wenig schlummern. Das ist erlaubt.

Indes befand sich Onkel Puschkin in Studio 7, denn er sollte im Fernsehprogramm auftreten. Wenn sie nun durch die Tür in das Funkhaus gingen, fünfhundert Schritte geradeaus, dann eine Treppe hoch, schon würden sie Onkel Puschkin treffen. Doch mussten sie zuerst zum Empfang. Lange Warteschlange.

»Was ist Empfang?«, fragte der kleine Bär.
»Empfang ist«, sagte Antje, »wenn du wo ankommst.«

»Was?«, fragte der kleine Tiger. »Ankommst? Das ist doch Mist. Ich komme jeden Tag im Wald an und dort befindet sich kein Empfang.«
»Wenn du aber woanders ankommst, nicht im Wald, sondern *wo anders*«, sagte Antje, »weil du dort hineinwillst ...«
»Wo hinein?«
»Zum Beispiel in einen Palast oder in ein Funkhaus, dann wirst du zuerst empfangen, damit man dich kennt.«
»Ich habe verstanden«, rief der kleine Bär. »Ich bin nicht dumm.«
»Dort wirst du in ein Buch eingetragen«, sagte Antje.
»Natürlich musst du sofort eingetragen werden«, brummte der kleine Bär. »Empfang ist nämlich, weil man eingetragen wird. Jedoch im Wald gibt es keinen Empfang, weil man nicht eingetragen wird. Das versteht der Tiger nicht.«

Als sie an der Reihe waren, saß dort die Empfangsdame Orleandra, welche sich jedoch Olli-Olli nannte. Künstlername.
Viele haben im Fernsehen einen Künstlernamen.

Einen Künstlernamen trägt man ein Leben lang, solange man Lust dazu hat. Dann kann man ihn ändern.

Olli-Olli hatte einen Kugelschreiber in der Hand, mit dem trug sie die Namen der Leute ein. Dabei schaute sie unter ihrer Brille auf das Papier und fragte: »Sie heißen, Vor- und Nachname, geboren wo und Name der Eltern oder Erziehungsberechtigten oder Adresse der Großeltern, bei welchen Sie wohnhaft sind, oder was wollen Sie? Sagen Sie Ihren Namen bitte ...«
»Antje, Tiger, Bär, Ente und Schlüter ...«
Nun schaute Olli-Olli über die Brille und flüsterte: »Mein Gott, das ist Antje, der Superstar! Und ich habe sie nicht sofort erkannt, wie peinlich.«
Sie fing an leise zu kreischen und rief: »Und der kleine Tiger und der kleine Bär aus der Traumstunde! Mir zittern die Knie ... Nehmt bitte hier in diesem Warteraum für Künstler Platz. Ich brauche eine Beruhigungspille und hole sofort Kekse und den Superintendanten Udo Nowinski! – Ihr habt hier über hunderttausend echte Fans!«

Antje rief ihr hinterher: »Ich esse lieber Gummifische oder Fischsemmeln mit saurem Hering ...«
Gummifische gibt es nicht, aber es gibt Gummibären.
Fischsemmeln gab es gegenüber, neben dem Dom in der Fischbude, und Olli-Olli lief hinaus, um welche zu holen.
Indes wurden in Studio 7 die Kameras für Onkel Puschkin aufgestellt.

»Wozu braucht ein Superstar Fans?«, fragte der kleine Tiger.
»Weil sie für ihn durch dick und dünn gehen, und wenn er ertrinken müsste, würden sich alle ins Wasser stürzen und ihn retten«, sagte Antje.
»Warum?«, fragte der kleine Bär, »*ich* kann doch selber schwimmen.«
»Ich meine nur *wenn* und *zum Beispiel*. Weil sie mich lieben. Wenn dich die ganze Welt liebt, bist du ein Superstar.«
»Aber in Amerika kann man dich nicht lieben, weil man dich dort nicht sehen kann. Dazwischen

liegt der Ozean und durch den Ozean kann man keine kleinen Wellen senden, sie würden in den großen Wellen verpuffen. Kleine Wellen verpuffen in großen Wellen wie Nullen. Nichts. Klack, Sense, weg.«

»Ha!«, rief Antje. »Sie können niemals verpuffen, weil die kleinen Wellen brauchen keinen Ozean. Sie gehen zuerst aus der Kamera von hier nach oben zu einem Satelliten im Weltall. Dort werden sie aufgefangen, und dann werden sie in einem Winkel nach unten zurück auf den Planeten Erde gefunkt und nach Amerika gesendet. Gezielt. Man sieht mich überall, jedoch in Amerika am meisten, denn Amerika ist sehr groß. Wenn etwas sehr groß ist, gibt es dort von allem viel mehr.«

»Das ist wohl logisch«, nickte der kleine Bär, »weil wenn etwas groß ist, ist dort mehr Platz für alles. Im großen Wald gibt es mehr Pilze als im kleinen Wald. Ha!«

»Dann könnten dich auch die Affen im Urwald sehen und unser Maulwurf zu Haus?«, fragte der kleine Tiger.

»Dazu brauchen sie nur einen Fernseher«, erklärte Antje.

»Hat der Maulwurf aber nicht. Er hat ja nichts«, sagte der kleine Bär.
»Braucht er auch nicht«, sagte der kleine Tiger, »weil er sowieso nichts sieht.«
»Siehste!«, rief der kleine Bär. »Genau das hat er gesagt. Wer nichts braucht, hat schon alles. Dann hat er auch einen Fernseher, weil er keinen braucht.«

Nun schaute ein Mädchen zur Tür herein.
Sie hatte den ganzen Tag gelauert, um im Warteraum für die Promis einen Promi zu entdecken. Einen lebenden Promi mit den eigenen Augen zu sehen, ist für einen Fan das Glück des Lebens.
Sie fing sofort an zu kreischen: »Antje!!! Aaant-je, *mein* Superstar, ich mach mir in die Hosen! Kann ich ein Autogramm haben? Ich bin Julia, dein allergrößter Fan, ich bin elf Jahre alt, komme aus Köln-Mitte und bin in der fünften Klasse, ich werde verrückt. Und der kleine Tiger und der Bär und die Tigerente und Schlüter! Habt ihr Autogrammkarten bei euch?«
Nein. Hatten sie nicht.
Sofort rannte Julia hinaus und rief:
»Antje, Antje ist hier, ich werde verrückt!«

Sie kaufte beim kleinen Elefanten eine Ansichtskarte vom Hauptbahnhof Köln.
Wenn man keine echte Autogrammkarte hat, reicht auch der Hauptbahnhof, Hauptsache das Autogramm ist handgeschrieben.
»Was ist ein Autogramm?«, fragte der kleine Tiger.

»Unterschrift«, sagte Antje. »Du schreibst deine Unterschrift auf eine Karte und schon entsteht ein Autogramm.«

»Wozu?«

»Für deine Fans.«

»Aber ich kann gar nicht schreiben«, sagte der kleine Tiger, denn er hatte längst vergessen, wie man TIGER schreibt.

»Nicht nötig«, sagte Antje, »du schreibst nur einen Kritzler und hängst hinten eine Schwingerschleife an.«

»Das können wir«, rief der kleine Bär, »kritzeln mit einer Schleife am Ende. Das haben wir schon probiert.«

Antje hatte sich einen Kugelschreiber geliehen, und weil Julia nur eine Karte hatte, bekam sie alle drei Autogramme auf eine Karte. Die Tigerente und Schlüter konnten nicht einmal kritzeln.

Inzwischen hatten die Leute vor dem Dom und rund um den Dom herum erfahren, dass man hier Autogramme von drei Promis haben konnte. Und sie kauften dem kleinen Elefanten alle Postkarten ab, sodass er mit einem Mal schweinereich wurde.

Bei einem kleinen Elefanten beginnt der Reichtum
schon bei sieben Euro.
Auch der kleine Elefant hatte einen Traum vom
Glück: Ungarische Gulaschsuppe, pro Teller
vier Euro. Und so reichte der Reichtum für eine
ganze Woche.

Die Fans standen inzwischen bis auf die Straße
und bis zum Dom und drängten herein.
Zuerst schrieben der kleine Tiger und der kleine
Bär ihre Unterschriften langsam und sehr lang.
Danach immer kürzer, denn Schreiben bereitet
Muskelkater.
Es war so voll, dass der kleine Bär und der kleine
Tiger die Kekse nicht mehr erreichen konnten.
Und die Fischsemmeln vertrockneten und der
Eimer mit Schlüter kippte um.
Das Wasser lief zur Tür hinaus, und Schlüter
konnte sich unter den Beinen der Fans bis in die
Fernsehküche retten …
Dort befand sich der Koch Dieter Jüppgens,
steckte Schlüter in einen Topf mit Wasser und
machte sich Gedanken über seine Zubereitung als
Bratfisch mit Kartoffelsalat.

Der kleine Tiger und der kleine Bär wurden immer müder und zeichneten als Autogramm nur noch einen Strich ohne Schwingerschleife.

Der kleine Bär fing an einzuschlafen und wusste nicht mehr, was er schrieb.
Der kleine Tiger wurde ohnmächtig und fiel vorsichtig um, damit er sich kein Bein brach.
Sanitäter kamen und legten ihn bequem auf eine Trage.

Als der kleine Bär das sah, fiel auch er ohnmächtig auf den kleinen Tiger auf der Trage, und man trug sie in den Fitnessraum von Studio 5. Antje lief hinterher, die Fans klammerten sich an die Trage, bis Herr Nowinski kam und die Tür von innen verschloss.

Die Fans blieben noch lange vor dem Funkhaus stehen und warteten, dann aber gingen sie weiter.

In dieser gleichen Stunde saß der glückliche Maulwurf zu Hause vor seiner Bude, labte sich an einer guten Suppe aus Broccoli und kleinen Nudeln mit Bouillonwürfel und sagte: »Heute ist der schönste Tag meines Lebens, ich werde die Suppe mit ein wenig Kerbel verfeinern.«

In Studio 7 befand sich noch Onkel Puschkin und wartete auf die Moderatorin Nora, welche mit Puschkin ein interessantes Gespräch führen wollte.

Die Kameras waren eingestellt, der Regisseur stritt sich mit dem Beleuchter über die Beleuchtung, dann aber kam das Zeichen:
»Kamera läuft! Ruhe und ... Klappe ...!«

»Sie befinden sich auf einer Reise, Herr Puschkin. Wohin soll es denn gehen oder was suchen sie dort?«

»Das Glück«, sagte Onkel Puschkin. »Ich gehe überall herum, frage Leute nach ihrer Meinung und ob sie zu Hause glücklich sind – so lange, bis sie ja sagen. Weil Glück, wissen Sie, ist überall ein wenig anders. Du guckst vor deine Füße, und da ist es dann schon ... und du hast es gar nicht gewusst.«

»Gar nicht gewusst ...«, sagte Nora. »Ja ja, da haben Sie sehr Recht und das haben Sie schön gesagt, Herr Puschkin. Wir danken Ihnen, dass Sie hier waren ...«

Nun konnte Onkel Puschkin das Studio 7 verlassen.

Er ging durch die Tür auf den langen Gang und kam draußen am Studio 5 vorbei, als der kleine Bär von innen die Klinke herunterdrückte ...

Nur genau da sagte Herr Nowinski, der Superintendant, zu Antje: »Nur noch eine Minute und sagen Sie mir, was haben Sie in Zukunft vor, werden Sie reisen und wenn ja, wohin?«

»Hamburg, Paris, New York oder so«, sagte Antje.

Leider ging genau da Onkel Puschkin einige Schritte weiter, und als der kleine Bär endlich die Klinke herunterdrückte, befand sich Onkel Puschkin weiter hinten im Gang und bog dort um die Ecke.
»Ich will nach Hause«, sagte der kleine Tiger. Der kleine Bär sagte: »Du bist ein Nörgler, mein lieber Tiger.«
Aber der kleine Tiger sagte: »Weil ich Heimweh habe. Pilzsuppe, Kartöffelchen mit Petersilie ... oij joij joij! Oder Forelle mit Mandelchen und Butter!«
Als der kleine Bär das Wort »Pilzsuppe« hörte, flimmerte es ihm auf der Zunge und in seiner Seele flimmerte das Heimweh. Nun wollte auch er nach Hause. Als der kleine Bär auf den Gang trat, war Onkel Puschkin schon um die Ecke. Knapp verfehlt. Von dort ging Onkel Puschkin die Treppe hinunter. Auch der kleine Bär lief die Treppe hinunter. Nur ein wenig zu spät, denn Onkel Puschkin war schon wieder ein paar Schritte weiter. Als der kleine Tiger merkte, dass sein Freund aus der Tür gegangen war, lief er hinter ihm her.
Antje sah sich um, suchte Schlüter, fand ihn nicht, lief dem kleinen Tiger hinterher und rief:

»Schlüter, wo bist du? Schlüter, wo bist du denn?«
Schlüter antwortete nicht, weil ein Fisch nicht reden kann.
Der Koch Dieter Jüppgens hielt ihn an der Gurgel und hatte schon das Messer gewetzt.

Fisch mit Knoblauch, Pfefferkörnern. In Olivenöl gebraten. Dazu Kartoffelsalat, die Kartoffeln waren schon gekocht und gepellt.

Nun erreichten sie den Empfangsraum und dort befand sich Onkel Puschkin. Sie konnten ihn aber nicht sehen, denn er stand hinter einer Wand. Dort konnte man die Geschichte des Fernsehens in Bildern studieren.
Antje rannte in die Küche, weil diese Tür am nächsten war, und fand dort Schlüter in höchster Lebensgefahr, und rief laut: »Schlüter! Schlüter!! Mein lieber Junge!«
Der Koch erschrak so, dass er den Fisch losließ. Schlüter sprang mit einem Satz vom Tisch und Antje in die Flossen, und dann haben sie sich geküsst.
Man kann hier sehen, dass eine große Freude für die eine Person wohl eine große Freude sein kann, aber auf der Rückseite ist sie auch Pech für eine andere Person.
Für Antje war der Fisch Schlüter eine große Freude – für Dieter Jüppgens war der Verlust Schlüters ein Pech.

Währenddessen verließ Onkel Puschkin das Funkhaus, ohne dass der kleine Tiger und der kleine Bär ihn bemerkten, und ging zum Hauptbahnhof.

Antje fand ihren Reiseeimer wieder, Schlüter bekam Wasser in den Eimer, der kleine Tiger band sich die Tigerente an den Schwanz, damit sie nicht verloren ging, und dann schlichen sie durch den Hinterausgang aus dem Funkhaus.
Vor dem Dom ging das Leben so weiter wie jeden Tag. Neue Leute standen dort und wussten von den Superstars im Funkhaus längst nichts mehr.

Hinter dem Funkhaus bekam zuerst der kleine Tiger einen riesigen Hunger. Sie hatten kein Geld mehr, wohl gab es im Funkhaus noch jede Menge Kekse, doch von Keksen hatten sie nun genug. Und die Empfangsdame Olli musste andere Gäste empfangen und hatte Arbeit bis über den Kragen. Also setzte sich Antje vor den Dom und spielte auf der Mundharmonika.

Ein Mädchen sagte: »Da sitzt jemand, der sieht aus wie Antje, Papa. Schenk der Person doch einen Euro.«

Der Papa gab Antje einen Euro.

Superstars sehen nur im Fernsehen wie Superstars aus, gehen sie auf die Straße, werden sie nur erkannt, wenn sie jemand erkennt.

Ein kleiner Junge rief: »Mutter, Mutter, da sitzt der kleine Tiger aus dem Fernsehen.«

Die Mutter sagte: »Ach komm, Junge, den kleinen Tiger gibt es nur im Fernsehen und nicht in Wirklichkeit, also kann er nicht auf der Straße sitzen«, zog ihn hinter sich her, und sie gingen zu Karstadt, ein wenig Kuchen essen. Der Junge aber hieß Jakob oder auch anders.

Antje bekam im Ganzen drei Euro, dafür kauften sie eine Bratwurst und gingen an den Rhein, um sie zu verspeisen. Eine Bratwurst für drei ist nicht genug. Da wird keiner richtig satt.

»Jedoch ist es dann wieder gut, wenn jemand eine Angel dabeihat«, rief der kleine Bär, steckte ein wenig Bratwurst an den Angelhaken und fing gleich einen Fisch. Mehr fing er aber nicht, weil es im Rhein nicht mehr so viele Fische gibt.

Es saß da aber ein armer Hund, der hatte auch Hunger, so teilten sie die Bratwurst und den Fisch mit ihm.

Und weil ein Fisch und eine Bratwurst auch wieder nicht für so viele Leute reichten, meinte der Hund, man könne auch noch den Fisch Schlüter braten.

Na, das hätte er lieber nicht sagen sollen. Antje gab ihm einen kleinen Schlag auf die Nase und der Hund nahm seine Rede sofort zurück.

Lieber wollten sie noch ein wenig hungern, als dass sie Schlüter verspeisten. Klar!

»Wo kommst du denn her?«, fragte der kleine Tiger den armen Hund.

»Schwer zu sagen«, sagte der arme Hund.

»Warum?«, fragte der kleine Bär.

»Weil ich aus Frankreich komme oder aus einem anderen Ausland.«

»Warum schwer zu sagen?«, fragte Antje.

»Weil ich nicht Französisch kann«, sagte der Hund.

»Aha«, sagte der kleine Bär, »Französisch kann ich auch nicht.«

»Aber Hamburg ist kein Ausland. Ich komme aus Hamburg«, sagte Antje.

Kaum hatte sie das Wort gesagt, befiel auch sie das Heimweh und sie wollte sofort nach Haus. Hagenbeck. Zoo. Funkhaus NDR.
Der arme Hund kannte einen Kameraden, der hatte ein Handy.
Sie riefen Herrn Hagenbeck in Hamburg an, und der sagte, er würde sie selbstverständlich sofort abholen, denn er sei der größte Tierfreund der Welt. »Ich schicke euch unser Transportauto für kleine Tiere. In fünf Stunden sind wir bei euch, wartet dort, wo ihr euch befindet ...«
Fünf Stunden sind eine schöne lange Zeit, Antje spielte auf der Mundharmonika.
Erst das Heimwehlied *Junge, komm bald wieder*, dann *Die weiße Taube La Paloma*. Zuerst langsam, dann spielte sie immer schneller, da kamen noch andere arme Leute und fingen gleich an zu tanzen. Es entstand ein schönes Fest unter der Brücke über den Rhein. Die Hundchen sangen, der kleine Tiger brummte die dritte Stimme, und der kleine Bär tanzte mit einem fröhlichen Opa, der vor langer Zeit ein berühmter General war.
»Mein Gott«, sagte eine ältere Dame, welche auch dort unter der Brücke wohnte, »einst speiste und tanzte ich mit den Königen der Welt und nun

zum ersten Mal in meinem Leben mit einem Tiger, ein so schönes Fest hab ich noch nie erlebt. Dies ist der schönste Tag in meinem Leben.«

Sie tanzte mit dem kleinen Tiger, was das Zeug hielt.

Nach fünf Stunden kam der Transporter für kleine Tiere. Der Affe Ludo war der Fahrer und hatte gute Reiseverpflegung mitgebracht, denn Herr Hagenbeck liebt seine Tiere und vergisst nie die Fütterung.

Sie machten es sich hinten im Transporter für kleine Tiere auf dem Stroh bequem. Nun waren sie müde wie die Scheunendrescher. Und Antje spielte ein Schlaflied.

Schlüter hatte in seinem Reiseeimer Wasser vom Rhein, und der Rhein mündet ins Meer. Das ist für einen Fisch ein schönes Gefühl: Überall das gleiche Wasser, also bist du überall zu Haus. Das ist doch ein großes Glück, oder wie?

Sie schliefen so bis Hamburg.

Hatten sie Onkel Puschkin vergessen? Ja, beinahe hatten sie ihn vergessen.

Herr Hagenbeck und die Tante Graugans warteten am Tor, begrüßten sie, und zu Haus hatte Herr Hagenbeck eine Überraschung für sie bereit:

Auf dem Sofa saß Onkel Puschkin.
Na!! Was gibt es denn mehr auf der Welt als
Onkel Puschkin auf dem Sofa!
Küssen und Jubel! Streuselkuchen für alle, und
für Tante Graugans Gänseblümchen-Tee und
Kleesalat mit Zucker und Zitrone.

Kaum hatten sie gespeist, sagte der kleine Tiger: »Haben Sie keine Pilzsuppe, lieber Herr Hagenbeck? Haben Sie nicht? Dann müssen wir sofort nach Haus.«

Nun war nicht mehr daran zu rütteln, der kleine Tiger und der kleine Bär wollten sofort mit Onkel Puschkin nach Haus. Antje blieb bei Herrn Hagenbeck, er hatte ihr ein eigenes Haus im Zoo gebaut. Und einen guten Job im Funkhaus als Superstar hatte er ihr auch noch besorgt.

Tante Graugans Lorenz ließ sich vom Fenster
des Herrn Hagenbeck in den Luftstrom fallen und
flog voraus nach Haus.
Immer trug sie der Wind.

Sie gingen zu ihrem Boot und dort saß der Kater
Mikesch mit seinen Lümmelkissen.
»Wo fahrt ihr denn hin, Jungs? Stromaufwärts?
Das ist prima, da braucht ihr jeden Mann zum
Rudern, zufällig bin ich ein Seemann. Ihr nehmt
mich doch mit, oder?«

Er dachte, sie hätten ihn nicht erkannt.
Irrtum, mein lieber Schieber!
Der kleine Bär rief sofort: »Seemann? Wir haben dich erkannt. Du bist ein Schurke, ein Gauner, ein Lümmel, mein Lieber. Geh zu Fuß, du!«
Und sie nahmen ihn nicht mit.

Onkel Puschkin legte seine ganze Bärenkraft in die Ruder.
Und so kamen sie gut voran gegen die Strömung.

Zu Haus saß der glückliche Maulwurf schon vor der Tür.
Er sagte, er hätte gewusst, dass sie unterwegs sind, Schwingung der Erde.

Zum Onkel Puschkin sagte er: »Gib mir deine Pfote, du altes Haus, damit ich sie mit meiner Kraft etwas quetschen kann.«
Und Onkel Puschkin reichte ihm seine Pfote zur Begrüßung und sagte: »O Mann, welch eine

Kraft du da in deiner Pfote hast! Respekt, Respekt.«

Wohl war es ein wenig gelogen, aber wenn du einem Maulwurf eine kleine Freude bereiten kannst, darfst du auch ein wenig lügen. Freude bedeutet doch Glück.

Dann verlebten sie dort jeden Tag alle zusammen eine schöne Zeit.

In der Morgenfrühe kam der kleine Maulwurf zum Frühstück und zählte drei Wunder des Tages auf: »Erstens ist heute ein neuer Tag. Zweitens haben wir alles, was wir brauchen. Drittens gehen wir nachher baden.«
So ging es jeden Tag.

Der Posthase kam zu Besuch und rief schon von weitem: »Ich habe heute keine schlechten Nachrichten für euch, was für ein herrlicher Tag!«

Die Tante Graugans Lorenz stand wieder am Fenster und lobte die Freiheit.
Sie konnte jederzeit davonfliegen, etwas Besseres gibt es nicht für eine Graugans.

Und der kleine Tiger sagte: »Wenn wir einen Fernseher hätten, wäre ich ein Superstar – oder?«
Also baute Onkel Puschkin einen Fernseher.
Er nagelte einen Kasten zusammen, den stellte er auf den Tisch, und der kleine Tiger ging hinter den Kasten und sang ein Brummlied.
Vorne schaute der kleine Bär und staunte.

»Aber wenn ich in die Ferne sehen will, das geht wohl nicht, oder?«, fragte der kleine Bär.
»Geht«, sagte Onkel Puschkin und trug den Fernseher vor den Wald.
In dem Wald aber tanzte der Tiger herum, und der kleine Bär konnte ihn dort in der Ferne sehen.
Deshalb heißt ein Fernseher ja auch *Fern*-seher.

Einmal kamen sie aus dem Wald zurück.
An diesem Tag aber wollte Onkel Puschkin ein wenig verreisen und hatte ihnen einen Zettel auf den Tisch gelegt.
Weil sie aber nicht lesen konnten, haben sie es erraten.
Das geht.
Und alles war so in Ordnung.

Bilderbücher von Janosch bei Beltz & Gelberg

Ach, so schön ist Panama
Alle Tiger und Bär-Geschichten erstmals in einem Band
288 Seiten, gebunden (79868)   ab 5

Das Auto hier heißt Ferdinand
12 Seiten, Pappbilderbuch (79316)   ab 2

Ferdinand im Löwenland
12 Seiten, Pappbilderbuch (79325)   ab 2

Das starke Auto Ferdinand
12 Seiten, Pappbilderbuch (79317)   ab 2

Circus Hase
Zirkustafeln mit Versen von Janosch selbst
24 Seiten, gebunden (80263)   ab 4

Emil Grünbär und seine Bande
48 Seiten, Beltz & Gelberg Taschenbuch (78640)   ab 6

Das große Panama-Album
Der kleine Bär & der kleine Tiger und ihre Abenteuer
140 Seiten, gebunden, Leinen (80279)   ab 5

Hasenkinder sind nicht dumm
32 Seiten, gebunden (80371),
Beltz & Gelberg Taschenbuch (78282)   ab 5

Ich mach dich gesund, sagte der Bär
48 Seiten, gebunden (79335)   ab 5

Ich sag, du bist ein Bär
32 Seiten, gebunden (80252)   ab 5

Janosch's Flaschenpostgrüße
Postkartenbuch mit 16 verschiedenen Motiven
Vierfarbig, gebunden (80900)   für alle

www.beltz.de
Beltz & Gelberg, Postfach 10 01 54, 69441 Weinheim

Das kleine Schiff
32 Seiten, geheftet (80267)   ab 7

Kleine Tierkunde für Kinder
32 Seiten, gebunden (80376)   ab 8

Komm, wir finden einen Schatz
48 Seiten, gebunden (80555), Beltz & Gelberg Taschenbuch (78011)   ab 5
Auch in Schreibschrift sowie in englischer Sprache

Das Leben der Thiere
128 Seiten, gebunden (80585)   ab 7

Liebe Grille, spiel mir was
72 Seiten, gebunden (80260)   ab 4

Löwenzahn und Seidenpfote
32 Seiten, gebunden (80377), Beltz & Gelberg Taschenbuch (78217)   ab 5

Die Maus hat rote Strümpfe
Janosch's bunte Bilderwelt
128 Seiten, gebunden (80538)   ab 6

Oh, wie schön ist Panama
48 Seiten, gebunden (80533), Beltz & Gelberg Taschenbuch (78002)   ab 5
Auch in Schreibschrift sowie englischer Sprache
Deutscher Jugendliteraturpreis

Onkel Puschkin guter Bär
80 Seiten, gebunden (79334)   ab 5

Post für den Tiger
48 Seiten, gebunden (80572), Beltz & Gelberg Taschenbuch (78031)   ab 5
Auch in Schreibschrift sowie in englischer Sprache
Holländischer Jugendliteraturpreis »Der silberne Griffel«

Traumstunde für Siebenschläfer
Eine Geschichte von Popov und Pietzke
32 Seiten, gebunden (80526), Beltz & Gelberg Taschenbuch (78049)   ab 6
Auch in Schreibschrift

www.beltz.de
Beltz & Gelberg, Postfach 10 01 54, 69441 Weinheim